Delphes

Éditeurs: Georges A. Christopoulos et Jean C. Bastias
Traduction par Nelly Andrikopoulou
Directeur de l'édition: Effie Karpodini
Photographies par Spyros Tsavdaroglou, Makis Skiadaresis et Nikos Kontos
Reproduction des couleurs par Pietro Carlotti

Imprimé et relié en Grèce par Ekdotike Hellados S.A.

Delphes

MANOLIS ANDRONICOS
Professeur d'art et d'archéologie à l'université de Thessalonique

EKDOTIKE ATHENON S.A.
Athènes 1996

ISBN 960-213-169-1
Copyright © 1976
by
Ekdotike Athenon S.A.
1, Vissarionos St., Athens 106 72
Printed in Greece

DELPHES ET SON MUSÉE

HISTOIRE DE DELPHES ET DE L'ORACLE:

Mythes delphiques

C'est Gaia, la mère des dieux, qui fut la première à rendre des oracles à Delphes. Sa fille Thémis lui succéda, suivie par sa sœur Phœbé, la Titanide, qui surnomma Apollon Phœbus le jour de sa naissance, comme Eschyle nous l'apprend par la bouche de la Pythie au début des *Euménides*. L'hymne homérique à Apollon raconte comment le dieu éleva son premier temple à Delphes, après avoir tué au bord d'une source le monstre femelle, Drakaina, qui survécut dans la mémoire des hommes sous le nom de Python, le redoutable serpent, gardien du sanctuaire de Gaia: descendu par la vallée des Tempé, Apollon, le dieu nouveau venu, tua le monstre à l'issue d'un combat acharné. Obéissant ensuite à la loi divine instaurée par lui-même qui frappait d'exil les assassins, Apollon se fit pendant huit ans le serviteur d'Admète, roi de Phères, pour expier le meurtre. Pur et lumineux, il revint ensuite à Delphes, prendre possession du site oraculaire en maître absolu.

Telles sont les légendes que rapportaient les Anciens sur les origines immémoriales du sanctuaire. On racontait aussi une autre histoire à propos de ce site impressionnant: Zeus, désireux de connaître le centre de la terre, avait lâché deux aigles aux deux bouts de l'univers; leur rencontre à Delphes marqua l'ombilic de la terre, où désormais une pierre ombilicale rappela l'événement, et les pèlerins venus du monde entier consacraient des offrandes de forme ombilicale (fig. 17). Car, vénéré au-delà des limites de la Grèce, ce sanctuaire d'Apollon était aussi consulté par les princes barbares de pays lointains, qui exprimaient leur gratitude en dédiant au dieu des ex-votos et des offrandes précieuses.

Le site

Ainsi se mêlent les mythes locaux aux pieuses traditions de Delphes. Avant d'aborder le culte et le sanctuaire, voyons d'abord ce site considéré jadis comme centre de la terre (fig. 2). Le chemin habituel pour accéder à Delphes par voie de terre est celui qui monte à Arachova par la Béotie pour redescendre ensuite vers l'Ouest; c'est la voie que suivit, selon l'hymne homérique à Apollon, Apollon lui-même, la première fois qu'il vint à Delphes. On peut aussi y accéder par le golfe de Corinthe, comme firent les premiers prêtres d'Apollon, les Crétois; c'est en venant de là qu'on aperçoit le spectacle décrit dans l'hymne homérique: « D'un pas rapide tu as gravi, Phœbus, les côtes montueuses et tu es arrivé à Krissa, aux abords du Parnasse enfoui sous les neiges, là où il penche vers l'occident; un rocher surplombe les lieux, tandis qu'en contrebas s'étire une rude plaine. C'est là que Phœbus Apollon décida d'élever un temple harmonieux... ».

En découvrant le site de Delphes, on reste interdit: « Comme si la terre s'était fendue en un spasme cosmique, la plaine s'étire au creux d'une dépression profonde. Au pied des Phédriades, à l'endroit où jaillit la source Castalie, les deux Roches se dressent, coupées par une gorge étroite qui fend la pente et plonge jusqu'au fond de la plaine » (Chr. Karouzos). C'est là, au fond de la gorge, à l'endroit où les deux Roches se touchent, au pied de la Roche orientale, le Flemboukos (l'ancienne Hyampée), que jaillit soudain une eau de cristal: Castalie, la source célèbre où prêtres et pèlerins venaient faire leurs ablutions avant d'accéder au temple (fig. 11). Vis-à-vis s'étale, haut perché sur le flanc de Rhodini, la Roche occidentale, le sanctuaire d'Apollon, le plus célèbre de toute la Grèce (fig. 6). En contrebas, la vallée du Pleistos déverse jusqu'au bord de la mer un fleuve d'oliviers dans la plaine d'Itéa (fig. 2).

L'histoire de Delphes

L'histoire de Delphes est liée à celle de l'oracle et du sanctuaire. C'est dans son ombre que vécut de tout temps une agglomération mineure. Les fouilles ont prouvé qu'à partir de 1400 av. J.-C., un village recouvrait le site oraculaire, s'étendant légèrement vers l'Est. Détruit à la fin de l'époque mycénienne, il se ranima aux temps géométriques quand le culte d'Apollon s'établit. Mais ce ne fut jamais qu'un village clairsemé, malgré le rayonnement mondial de Delphes à partir de ce temps. Avec ses sept cents citoyens libres au IV⁰ siècle av. J.-C., ce petit bourg juché sur les pentes arides du mont Kirphis serait resté à jamais obscur sans la présence du dieu qui prédisait l'avenir par la bouche de la Pythie. Il suscita, au contraire, quatre guerres religieuses en deux cent cinquante ans, et causa la perte des Phocidiens.

L'Amphictyonie

Il n'est pas facile de raconter en quelques lignes l'histoire de Delphes, pas plus que d'expliquer la place occupée de tout temps par l'oracle dans la vie des Grecs: il faut noter que l'oracle de Delphes a influencé les destinées de l'hellénisme et ne s'est pas borné à prodiguer passivement des présages. D'une façon singulière et pour nous presque inexplicable, l'action de l'oracle sur les initiatives de guerre et de paix, sur les conflits politiques et institutionnels, sur les recherches intellectuelles et religieuses, a toujours été importante, voire décisive pour le monde hellénique. Un fait essentiel éclaire le rôle unique du sanctuaire pythien dans l'histoire de la Grèce. Il existait en Grèce continentale une Amphictyonie établie au sanctuaire de Déméter auprès d'Anthéla, bourgade de la région des Thermopyles; or, au VII⁰ s. av. J.-C., son siège fut transféré au sanctuaire d'Apollon à Delphes. Les Amphictyons proclamèrent alors l'indépendance de Delphes, qui fut ainsi soustraite à la suzeraineté des Phocidiens, et assurèrent eux-mêmes la protection du sanctuaire. Des amphictyonies semblables existaient également dans d'autres régions de la Grèce, mais celle de Delphes avait ceci de particulier qu'elle était constituée non pas des villes-cités, mais les « ethné » des Hellènes, les tribus ancestrales constituant le corps de l'hellénisme ancien: Aenianes, Achéens de Phtiotide, Dolopes, Doriens, Thessaliens, Ioniens, Locriens, Maliens, Magnètes, Perrhèbes, Phocidiens. Le sanctuaire d'Apollon devint de ce fait le foyer religieux et politique de l'hellénisme, titre auquel aucun autre sanctuaire ne pouvait prétendre.

Le rayonnement du sanctuaire

A l'époque de la grande expansion coloniale (fin du VIIIᵉ-VIIᵉ siècle av.J.-C.), les villes grecques qui se proposent de fonder des colonies dans des régions lointaines consultent l'oracle de Delphes sur l'endroit à choisir et sur l'homme qu'il faudra désigner comme « œciste » (chef et fondateur de la colonie). Bien connus sont les cas de Syracuse, de Crotone, de Cyrène, de Thasos et de plusieurs autres colonies qui doivent leur existence au sage conseil de Phœbus. Plusieurs se nomment Apollonia d'après lui. Et toutes l'honorent du surnom d'Archégète. La gloire du dieu et de son sanctuaire rayonne ainsi au-delà des limites de la Grèce métropolitaine, en Orient et en Occident. Dès le début du VIIᵉ siècle av.J.-C., Midas, le roi légendaire de la Phrygie, manifeste sa dévotion en offrant son trône royal à Apollon Pythien. A la même époque ou presque, l'autre roi légendaire, Gygès (675 av. J.-C.), l'ancêtre de Crésus et fondateur de la dynastie des Mermnades, consacre à Apollon de merveilleuses offrandes d'or pur. Kypsélos, le célèbre et richissime tyran de Corinthe, fait construire au sanctuaire de Delphes le premier « trésor » — petit édifice en forme de temple, à la fois ex-voto et abri des nombreux cadeaux présentés par chaque ville au téménos.

La gloire, l'importance et la richesse du sanctuaire s'en trouvèrent accrues. Les Phocidiens de Krissa cherchèrent, semble-t-il, à en profiter, en imposant de lourdes taxes aux pèlerins qui traversaient leur région, située entre le port de Kirrha et le sanctuaire. Les Delphiens demandèrent alors l'assistance de l'Amphictyonie, ce qui déclencha la première guerre sacrée; elle devait durer dix ans et se terminer, en 591 av. J.-C., par la destruction totale de Krissa. Kirrha et Krissa furent dévastées et leur territoire consacré aux dieux delphiques. Les Amphictyons en profitèrent pour réorganiser les Pythia, la fête célébrée tous les huit ans en souvenir du retour d'Apollon après son exil volontaire à la suite du meurtre de Python: à partir de 582 av. J.-C., les Pythia ont lieu tous les quatre ans, et des concours gymniques et hippiques sont ajoutés aux anciens concours de musique.

La renommée du sanctuaire à travers le monde antique ne cessant de grandir des offrandes qui dépassent l'imagination s'y accumulèrent. Crésus, le roi de Lydie aux richesses fabuleuses, consacra diverses offrandes: la plus spectaculaire était un lion d'or pesant environ 250 kilos, monté sur une pyramide composée de 117 briques d'« or blanc » (or et argent); il donna aussi deux grands cratères, l'un en or, l'autre en argent, qui furent placés des deux côtés de la porte du temple. Lorsque le temple de tuf d'Apollon brûla, en 548 av. J.-C., tous les Grecs mais aussi des princes étrangers, tels que Crésus et Amasis, le roi d'Égypte, contribuèrent largement à la construction du nouveau temple, qui coûta 300 talents de l'époque, équivalant à des millions de francs actuels. Les Alcméonides, la grande famille de la noblesse athénienne exilée par Pisistrate ou par ses fils, assumèrent les fonctions d'entrepreneurs et dotèrent le temple d'une façade de marbre au lieu de celle de calcaire prévue par le contrat.

Pendant les années cruciales des guerres médiques, l'oracle, intimidé par la force des agresseurs, émit des prophéties qui ne reflétaient guère le moral élevé des Grecs engagés dans la lutte suprême. Le sanctuaire lui-même échappa au pillage perse grâce à l'intervention miraculeuse du dieu: d'énormes rochers se détachèrent des Phédriades, dispersant par leur chute les agresseurs terrifiés. Malgré cette défaillance de l'oracle au moment critique, la confiance des Hellènes en Apollon ne fut pas ébranlée. C'est au feu de son temple qu'ils revinrent chercher la flamme pour ranimer leurs autels profanés, et ils lui consacrèrent de riches offrandes, notamment le célèbre trépied d'or, juché sur le support haut de six mètres que formaient trois serpents de bronze enroulés, sur lesquels furent gravés les noms des 31 villes qui avaient combattu les Perses à Platées.

Vers le milieu du Ve siècle av. J.-C., les Phocidiens s'emparèrent une nouvelle fois du sanctuaire de Delphes, provoquant la deuxième guerre sacrée à la fin de laquelle le sanctuaire recouvra son indépendance (447 av. J.-C.). En 373 av. J.-C., un séisme effroyable précipita d'énormes rochers sur le temple d'Apollon. Une nouvelle souscription panhellénique permit d'entreprendre les travaux de reconstruction, interrompus de nouveau par la déclaration de la troisième guerre sacrée (356 av. J.-C.). Cette fois les Phocidiens se rendirent maîtres du sanctuaire pour une période de dix ans, pillant le trésor sacré et emportant un nombre considérable d'offrandes précieuses. L'indignation des Grecs devant ce sacrilège fut grande et unanime; grâce à l'intervention de Philippe, roi de Macédoine, les Phocidiens furent vaincus, chassés de l'Amphictyonie et frappés d'une amende colossale (420 talents). Finalement, en 339 av. J.-C., une quatrième guerre sacrée fut déclarée, cette fois contre les Locriens; Philippe, assumant une fois de plus le commandement, défit les Locriens, puis avança vers Chéronée, où il livra la célèbre bataille (338 av. J.-C.) qui le rendit maître de toute la Grèce.

Époque hellénistique

À l'époque hellénistique, le monde grec se trouve radicalement transformé: la foi traditionnelle est ébranlée, les cités sont intégrées dans de vastes royaumes et les rois tout puissants s'appuient sur leurs armées plutôt que sur l'assistance des dieux. Ils continuent pourtant à questionner l'oracle et l'enrichissent d'offrandes impressionnantes, mais c'est plutôt par désir d'exhiber leurs propres richesses que par dévotion. En 279 av. J.-C., au moment de l'effroyable incursion des Gaulois, Delphes est sauvé, une fois de plus, par une intervention miraculeuse du dieu. En souvenir de ces événements les suzerains de l'heure, les Étoliens, instaurèrent une nouvelle fête annuelle, les Sotéria. Cette incursion est mentionnée dans l'un des deux hymnes gravés sur les murs du trésor des Athéniens, célèbre parce que ses vers sont accompagnés d'un système de notation musicale. Au cours du IIe siècle, les rois de Pergame, réputés pour leurs largesses et leur amour des arts, font construire des portiques, restaurer les fresques de Polygnote et élever des ex-votos, mais ne se privent pas d'ériger en même temps leurs propres statues dans l'enceinte sacrée.

Les pillages et le déclin de l'oracle

En 169 av. J.-C., le romain Paul-Émile remporte sur les Macédoniens la victoire de Pydna et dresse sa statue sur le socle préparé par Persée, le roi de Macédoine, pour recevoir la sienne (fig. 7). Voici arrivée l'heure de Rome. En 86 av. J.-C., Sylla s'empare des pieuses offrandes restées sur place après la quatrième guerre sacrée; et en 83 av. J.-C., des Thraces barbares pillent le sanctuaire et mettent le feu au temple. Selon la tradition, c'est alors que s'éteignit, pour la première fois, le feu sacré qui à travers les âges avait éclairé les Grecs et les barbares. Pourtant, l'autorité du sanctuaire persista. Néron le dépouilla de cinq cents statues, ce qui n'empêcha pas Pausanias, visiteur du IIe siècle ap. J.-C., d'y voir encore une foule de monuments. C'est seulement quand les empereurs furent chrétiens eux-mêmes que les cultes païens n'eurent plus de place dans leur empire. Pour orner sa nouvelle capitale, Constantin le Grand fit main basse sur d'innombrables œuvres d'art et emporta, entre autres, le célèbre trépied de Platées avec sa colonne serpentine, qu'il installa non loin de Sainte-Sophie, où il se trouve encore. En 394 ap. J.-C., Théodose le Grand mit fin aux jeux et au culte. Et lorsque Julien, dernier empereur païen et personnalité romantique, envoie Oribase questionner la Pythie, celle-ci lui donne l'ultime prophétie, sombre épitaphe du site oraculaire:

> Allez dire au roi que le bel édifice gît par terre,
> Apollon n'a plus de cabane ni de laurier prophétique,
> La source est tarie et l'eau qui babillait s'est tue.

Le fonctionnement de l'oracle

L'autorité et le prestige du sanctuaire de Delphes émanent de son oracle, l'un des plus anciens de Grèce. Presque tous les auteurs anciens le mentionnent, ou se réfèrent à des événements qui se rapportent à lui. Et pourtant nous sommes loin de connaître avec toute la précision et les détails souhaitables la façon dont l'oracle était rendu. Nombreux sont les problèmes en suspens et bien des questions attendent toujours une réponse. Nous allons donc essayer d'exposer brièvement les résultats des recherches récentes sur le fonctionnement de l'oracle delphique.

Selon la tradition ancienne, Parnasse, le héros éponyme de la montagne, a été l'inventeur de l'oionoscopie, c'est-à-dire de la divination fondée sur l'interprétation du vol des oiseaux. Delphes, le héros de la ville, enseigna le premier la splanchnoscopie, c'est à dire l'interprétation des entrailles d'animaux sacrifiés, et Amphictyon, le héros éponyme de l'Amphictyonie, institua l'oniromantie. Il existait en outre à Delphes un collège de prêtres dont les membres, les Pyrkooi, prédisaient l'avenir par les flammes du sacrifice. Les mythes delphiques invoquent par ailleurs certaines nymphes prophétiques, les Thries, dont le nom désignait aussi les cailloux servant à tirer au sort; elles seraient donc une personnification de la cléromantie. Tout cela prouve que dans l'esprit des Anciens, toutes les méthodes de divination étaient pratiquées à Delphes. La renommée du sanctuaire reposait néanmoins sur les oracles de la Pythie, qui était directement inspirée par Apollon et parlait en son nom. C'est-à-dire que l'oracle était donné par le dieu de la mantique lui-même, la Pythie lui servant d'instrument (medium).

La Pythie était une. femme de plus de cinquante ans. Il était indifférent qu'elle fût vierge, mais à partir du moment où elle assumait la haute fonction de servir le dieu, elle devait quitter son mari et ses enfants et s'installer dans une maison réservée à elle seule dans l'enclos sacré; chaste, irréprochable, elle était tenue à observer certains rites sacrés. Malgré son âge, elle portait une robe de jeune fille, signe de la pureté de son existence. Nous ignorons selon quels principes elle était choisie. En tout cas, il est certain qu'elle n'était pas issue d'une famille de noblesse sacerdotale, comme les prêtres et les prêtresses d'autres sanctuaires helléniques. Aussi n'était-elle pas soumise à un enseignement ou à une formation spéciale. C'était une simple femme du pays, que rien ne distinguait jusqu'au moment où Apollon lui faisait don de l'inspiration. Il n'y eut d'abord qu'une seule Pythie; mais lorsque les activités du sanctuaire se multiplièrent, on en institua deux autres.

Jusqu'à l'époque classique, personne ne songea à se demander comment il se faisait que la Pythie se transformât soudain et se mît à parler par la voix de Phœbus. Le rôle qu'on a attribué à ce propos à une crevasse, aux vapeurs telluriques, aux feuilles qu'elle mastiquait et à l'eau qu'elle buvait, constitue un essai de réponse à cette question, qu'on commença à se poser lorsque la foi se mit à décliner et qu'on crut pouvoir interpréter le divin avec le langage froid de la raison et assumer la transcendance dans les limites des normes humaines. Pour les Grecs, une seule chose était sûre: le trépied sacré était le trône ailé du dieu, qui parfois l'emportait par-dessus mers et continents. Comment et pourquoi le dieu avait choisi ce trône bizarre, personne ne le savait et personne n'aurait osé le demander; les savants modernes n'ont pas su donner une réponse satisfaisante à ce problème. C'est donc sur ce trône que s'asseyait la Pythie pour se faire l'instrument du dieu. Il suffisait qu'elle prît la place d'Apollon pour sortir de son état normal, tomber en extase et hurler d'une façon incohérente et obscure le message divin. Avant de la faire monter sur le trépied, il fallait néanmoins s'assurer que le dieu consentait à donner audience. On amenait donc une chèvre devant l'autel, et on l'aspergeait d'eau froide avant de procéder au sacrifice. Si elle tressaillait de tout son corps, de la tête aux pieds, on savait que le dieu acquiesçait; sinon, la Pythie n'avait pas droit au trépied.

A une époque très reculée, avant le VIe siècle av. J.-C., l'oracle était rendu une fois par an, le septième jour du mois Bysios (février-mars), jour de naissance d'Apollon. Plus tard il fut prodigué tous les mois, toujours au septième jour, sauf pendant les trois mois de l'hiver, pendant lesquels le dieu quittait le sanctuaire de Delphes et partait au loin, au pays des Hyperboréens. Il cédait alors la place à Dionysos, adoré au même titre qu'Apollon et dans le même temple. Dès l'aube de ce jour sacré, la Pythie allait la première à la source Castalie pour se purifier, puis procédait à des fumigations de feuilles de laurier au foyer sacré. Pendant ce temps les prêtres accomplissaient le rite de la chèvre décrit ci-dessus. Si le dieu était consentant, on procédait au sacrifice sur le grand autel situé devant le temple et donné par Chios. De cette manière tous les pèlerins étaient informés que l'oracle fonctionnerait ce jour-là. Entre-temps les Prophètes et les Hosioi (prêtres de Dionysos et d'Apollon) et quelques représentants de la ville de Delphes se purifiaient eux aussi à l'eau sacrée de Castalie; puis tous les consultants les imitaient.

Plein de foi et d'espoir, le cortège avançait alors vers le temple. Avant d'y arriver, *théopropes* (messagers des villes) et particuliers s'arrêtaient devant l'autel pour déposer d'abord le *pélanos*, gâteau rituel qui se vendait au profit du sanctuaire, offrande préliminaire du consultant. Puis chacun à son tour accédait au temple et offrait une bête de sacrifice sur l'autel intérieur où brûlait le feu sacré. La *promantie*, le droit de consulter en priorité avant la masse des fidèles, était considérée comme un grand honneur. Les Delphiens la réservaient à leur ville, octroyant la deuxième consultation, en honneur insigne, aux villes et aux particuliers qui s'en étaient montrés dignes.

Pendant ce temps, la Pythie avait pris sa place sur le trépied, dans l'adyton du temple, les Prophètes se tenaient à proximité et le consultant — un homme, les femmes n'étant pas admises — s'asseyait à part, après avoir soumis au Prophète sa question (oralement ou par écrit). Personne n'apercevait la Pythie, cachée derrière une espèce de cloison. Le Prophète lui posait la question, et elle, dans son extase, émettait la réponse, inintelligible, paraît-il, aux autres, que le Prophète était pourtant à même de comprendre et de traduire en vers hexamètres. Cette réponse écrite était livrée au consultant, qui là-dessus s'en allait. Les oracles ambigus du sanctuaire sont célèbres. Vagues et obscurs, ils réclamaient un don d'interprétation supplémentaire pour être saisis dans leur vrai sens et pour ne pas mener à d'affreuses méprises, comme celle qui arriva à Crésus: quand le dieu lui prédit qu'il détruirait un grand royaume en déclarant la guerre aux Perses, celui-ci ne sut pas deviner que Loxias, surnom d'Apollon qui évoque ses réponses « obliques », voulait lui faire entendre qu'il détruirait son propre royaume.

Ces neuf jours de l'année pendant lesquels la Pythie parlait par la voix du dieu, devaient produire un effet prodigieux sur les pèlerins qui avaient la chance de se trouver au sanctuaire de Delphes. Mais parmi tous ceux qui étaient venus dans l'espoir de consulter, bien peu nombreux étaient ceux qui pouvaient repartir avec une réponse obtenue au cours des neuf jours prévus. C'est pourquoi, dès l'époque archaïque, on eut recours à une autre méthode pour répondre aux questions des pèlerins: celle de la cléromantie. Ainsi, quand Clisthène, le fondateur de la démocratie athénienne, voulut instituer les dix tribus nouvelles, il s'adressa à l'oracle pour savoir comment les nommer: sur une liste de cent noms, la Pythie en choisit dix. Cela se faisait évidemment par un tirage au sort, comme le prouve la formule employée, souvent, pour désigner les réponses du dieu: ἀνεῖλεν ὁ θεός, c'est-à-dire: le dieu a tiré le sort. Un procédé semblable a dû être employé tous les jours de l'année, non pas dans le secret du temple (adyton), mais en public, et ce fut sans doute la manière habituelle de répondre à des questions simples et précises par l'approbation ou la dénégation. Mais lorsque nous parlons de la Pythie et des oracles célèbres de Delphes, c'est à ces quelques jours particuliers où le dieu transmettait sa propre parole par la bouche de la Pythie en extase que nous pensons.

LES SANCTUAIRES:
Le sanctuaire d'Athéna Pronaia

Avant d'arriver au sanctuaire principal de Delphes, nous rencontrons sur la gauche du chemin un plateau étroit, qui fait face à la vallée du Pleistos: le sanctuaire d'Athéna Pronaia, qu'on appelle aujourd'hui Marmaria. A une époque très reculée, on devait y célébrer le culte d'une déesse, comme le prouvent les nombreuses idoles mycéniennes aux bras relevés qu'on y a retrouvées. Ce sanctuaire fut dédié plus tard à Athéna. C'est elle qui assurait, avec le héros Phylacos, la garde du sanctuaire d'Apollon et de son temple, et c'est pourquoi elle fut nommée Pronaïa, « celle qui est devant le temple ».

Ce sanctuaire conserve les vestiges d'édifices peu nombreux, mais qui occupent une place de premier rang dans l'architecture grecque. Le temple archaïque d'Athéna, d'abord, bâti vers 650 av. J.-C., est un des plus anciens temples monumentaux connus. Sur le même emplacement, mais de plus grandes dimensions, fut élevé le deuxième temple archaïque (vers 500 av. J.-C.), également en pôros, il était de style dorique périptère avec six colonnes en façade et douze sur les longs côtés, un pronaos, une cella longue et étroite et pas d'opisthodome; le sol de la colonnade, des colonnes jusqu'aux murs de la cella, était pavé de galets de couleur. Nous avons vu plus haut qu'à l'époque des guerres médiques, lors d'un terrible tremblement de terre, des rochers énormes se détachèrent des Phédriades; c'est paraît-il, à cause de leur chute dans le sanctuaire de Pronaia (l'un d'eux fut même laissé sur place parmi les autels à l'Est du temple) que les Delphiens, pour consolider l'angle Nord-Est du temple, construisirent un mur qui fermait les entrecolonnements à cet endroit. Les ruines de ce temple, détruit lui aussi dans le courant du IVe siècle, furent conservées par piété. Cette puissance terrible qui, il y a deux mille cinq cent ans, avait semé la panique chez les Perses et plus tard chez les Galates, éprouva de nouveau Delphes et le sanctuaire d'Athéna Pronaia au début du XXe siècle; en mars 1905, à la suite d'un violent orage, d'énormes rochers s'abattirent du haut d'Hyampeia et, dans leur chute sur les ruines du temple, écrasèrent douze des quinze colonnes conservées. Ce furent peut-être ces éboulements, associés à une superstition innée, qui dissuadèrent les Anciens de construire le troisième temple au même endroit. Ainsi, lorsqu'en 370/60 av. J.-C. ils décidèrent de construire un nouveau temple, le seul emplacement libre était l'extrémité Ouest du sanctuaire, car entre temps les deux petits trésors ioniques et la Tholos avaient été construits à l'Ouest du second temple. Le troisième temple d'Athéna, dorique lui aussi et prostyle, fut construit en calcaire gris du Parnasse, la plus belle et la plus dure pierre utilisée à Delphes. Il se distingue par sa sobre rigueur et ses proportions (11 × 22 m) d'un équilibre tout classique; six colonnes soutenaient la façade devant un pronaos peu profond; deux colonnes ioniques, entre le pronaos et la cella, étaient la seule parure de cet édifice dépouillé.

Entre les deux extrémités du sanctuaire occupées par le temple archaïque et le temple classique d'Athéna, se dressaient dans l'antiquité trois édifices splendides, « de purs joyaux », pour reprendre l'expression du grand archéologue grec Christos Carouzos. A l'Est se dressaient d'abord deux petits édifices, des trésors: les Grecs appelaient ainsi de petits bâtiments en forme de temple, construits par différentes villes dans les sanctuaires pour abriter les objets précieux qu'elles avaient dédiés à la divinité. A l'Est, le plus grand de ces trésors est d'ordre dorique; il semble avoir été construit tout de suite après les guerres médiques (480/70 av. J.-C.); l'autre, plus petit et plus ancien (530 av. J.-C.), constitue avec le superbe trésor de Siphnos (dans le sanctuaire d'Apollon), un brillant exemple de l'architecture ionique archaïque. Les deux colonnes qui supportaient l'architrave du pronaos étaient de style ionique; elles étaient surmontées d'un chapiteau singulier décoré de feuilles de palmier recourbées, que les archéologues appellent « éolique ». Il ne reste que très peu de choses de sa décoration sculptée.

Néanmoins, même dans l'état actuel des ruines, on peut apprécier la beauté de ce trésor par la délicatesse et la minutie du travail de l'éclatant marbre de Paros, manifeste surtout dans la moulure formée d'un tore et d'astragales, qui souligne le bas des murs.

Le second « joyau » du sanctuaire d'Athéna se dressait entre ce trésor et le temple classique d'Athéna; c'est la fameuse Tholos, monument unique à Delphes. Sa destination est inconnue, comme l'est d'ailleurs aussi celle des tholos analogues dans d'autres sanctuaires (Épidaure, Olympie, etc.). La seule chose certaine, c'est que leur forme circulaire remonte à une tradition très ancienne liée à des rites très probablement chthoniens. La Tholos de Delphes a été construite au début du IVe siècle par l'architecte Théodoros. Elle est d'ordre dorique et entièrement en mabre pentélique; elle était entourée d'un péristyle de vingt colonnes. Le mur de la cella, qui repose sur un dallage de marbre foncé d'Éleusis, est couronné par des triglyphes et des métopes. A l'intérieur de la cella, le dallage était en schiste; sur une banquette de marbre d'Éleusis, courant autour de la pièce, reposaient dix demi-colonnes corinthiennes. Cette alternance de couleurs, de matériaux et d'ordres, jointe à la combinaison de verticales et de courbes, compose un ensemble extraordinaire où la grâce austère de l'architecture est rehaussée par le décor sculpté des métopes.

Le sanctuaire d'Apollon

En quittant le sanctuaire d'Athéna Pronaia, nous laissons sur la gauche le Gymnase, tel qu'il fut aménagé au IVe siècle av. J.-C. La conformation du terrain le divise en deux terrasses longitudinales. La terrasse inférieure est la plus petite; elle comprend une palestre dont la cour centrale est entourée d'un péristyle sur lequel ouvrent dans le fond des salles: vestiaire (*apodytérion*), dépôt de sable (*konima*), salle d'entraînement où les pugilistes et les pancratiastes s'exerçaient avec un sac rempli de sable (*sphairistérion*). A l'Ouest une piscine ronde occupe le centre d'une grande cour; les athlètes s'y baignaient dans l'eau froide après l'entraînement et après s'être douché sous les bouches d'eau aménagées dans le mur de soutènement de la terrasse supérieure. Cette dernière était plus vaste et comprenait le *xyste,* long portique couvert de 200 mètres, qui permettait de s'entraîner à l'abri de la pluie; devant le *xyste* une piste à ciel ouvert, la *paradromis,* était destinée à l'entraînement en plein air par beau temps. Les édifices et l'espace du gymnase ne servaient pas seulement à la culture physique; on y donnait aussi des conférences, on y récitait des poèmes et des manifestations culturelles de tout genre y avaient lieu, comme dans tous les gymnases grecs. Nous continuons vers l'Ouest pour atteindre le ravin des Phédriades. La gorge redoutable se fend à notre droite et l'on entend couler les eaux limpides de Castalie. L'eau de la source sacrée s'écoule généreusement et arrose la vallée verdoyante. Flemboukos, à l'Est, Rhodini à l'Ouest, les deux Roches Phédriades s'élancent à des hauteurs vertigineuses. Sur les escarpements de Rhodini, en face de nous, apparaît le grand sanctuaire de Delphes, le téménos d'Apollon accroché à la pente. Son mur d'enceinte délimite un espace presque rectangulaire, dont le côté Sud est particulièrement irrégulier. L'entrée principale par où pénètrent les visiteurs d'aujourd'hui, tout comme les pèlerins d'autrefois, se trouve à l'angle SE. Au temps de sa splendeur, ce sanctuaire devait être le plus beau musée du monde; des édifices élégants s'y étagèrent: des portiques, lieux de rassemblement publics, disposés un peu au hasard sur les versants accidentés, pressés autour de la voie sacrée, les plus favorisés au premier plan, les autres en arrière, en partie dérobés à la vue, tous élevés dans la foi en Phœbus Apollon, le maître du sanctuaire. On y voyait des milliers de statues, et tous les ex-votos précieux qu'on n'avait pas abrités dans les petits édifices en forme de temple appelés des trésors.

Il serait lassant — et difficile — d'énumérer dans l'ordre toutes les ruines et toutes les bases que le visiteur rencontre lorsqu'il remonte la Voie sacrée jusqu'au temple. La reconstitution minutieuse de M. Éliakis, accompagnée de ce commentaire, permettra au lecteur et au pèlerin patient du sanctuaire d'imaginer l'aspect antique des lieux et d'attribuer chaque ruine au monument correspondant. Nous mentionnons à titre indicatif les offrandes situées immédiatement après l'entrée du péribole. La première base à droite est celle du Taureau de Corcyre, consacré à Apollon vers 480 av. J.-C. En face se dresse le premier ensemble; c'est l'offrande dédiée par les Athéniens avec le butin de la victoire de Marathon. L'œuvre a dû être exécutée autour de 460 av. J.-C. par le jeune Phidias. Treize statues en bronze qui représentaient Athéna et Apollon encadraient Miltiade et les dix héros légendaires d'Athènes. A peine les Athéniens avaient-ils dressé cette superbe offrande que leurs amis les Argiens vinrent ériger à côté deux ensembles pour remercier le dieu après leur victoire sur les Lacédémoniens à Oinoé en Argolide (456 av. J.-C.). Les deux offrandes argiennes se trouvaient sur le côté gauche de la Voie sacrée, à la suite de l'offrande des Athéniens. La première supportait les statues des Sept chefs de l'expédition contre Thèbes et la seconde les « Épigones » qui vengèrent la défaite des « Sept » en remportant la victoire sur les Thébains. En 414 av. J.-C. les Argiens, ayant vaincu à nouveau les Spartiates, consacrèrent au même endroit un « cheval dourien ». C'est maintenant au tour des Lacédémoniens de riposter: En 405 av. J.-C., ils écrasent les Athéniens à Aigos Potamos, provoquant ainsi l'effondrement définitif de l'hégémonie athénienne. Avec une insolence qui s'explique aisément, ils dressent alors leur ex-voto monumental face aux offrandes de leurs adversaires; en creusant la paroi du rocher, ils construisent une niche couverte dont le toit était supporté en façade par huit colonnes, et placent à l'intérieur trente sept statues en bronze: les divinités qui les protégèrent, Poséidon couronnant Lysandre, l'amiral victorieux, et les autres amiraux. Mais la querelle des offrandes ne s'arrêta pas là. Les Spartiates ayant essuyé une très grave défaite à Leuctres, en 371 av. J.-C., les Arcadiens envahirent la Laconie avec Épameinondas, en 369 av. J.-C. Fiers de leur grand exploit, ceux-ci érigent alors devant l'ex-voto des Lacédémoniens un ex-voto fait de neuf statues de bronze: Apollon et leurs ancêtres légendaires. En cette même année, les Argiens ripostent également aux Spartiates, leurs ennemis héréditaires: à côté de la niche spartiate de Lysandre et des navarques et face à leur ancienne offrande, ils érigent un nouvel ex-voto avec les vingt statues de leurs héros légendaires.

A peine avons-nous avancé d'une cinquantaine de mètres à l'intérieur du sanctuaire, il nous faut donc imaginer à gauche et à droite quatre-vingt-quinze statues. On voit qu'il nous serait impossible d'avancer si nous voulions regarder tous les vestiges importants; aussi allons-nous presser le pas. Les premières ruines que nous rencontrons à gauche appartiennent au trésor archaïque de Sicyone (500 av. J.-C.), on y a remployé des éléments de construction plus anciens; parmi eux, les métopes sculptées, qui datent de 560 av. J.-C. environ, ont une importance particulière pour l'histoire de la plastique grecque, surtout quatre d'entre elles qui sont assez bien conservées. A côté se trouvent les vestiges d'un des plus élégants trésors ioniques de Delphes: le

Le Sphinx des Naxiens, le portique des Athéniens, le temple d'Apollon — Reconstitution P. Amandry.

trésor de Siphnos. Construit en 525 av. J.C., il était décoré de sculptures. Tour d'abord, les deux colonnes de l'entrée étaient remplacées par des statues de jeunes filles qu'on appelle Caryatides; le fronton et la frise qu'elles soutenaient étaient ornés de superbes reliefs, aujourd'hui exposés au Musée, qui constituent un des ensembles les plus brillants de la sculpture archaïque (voir plus bas les descriptions).

La Voie sacrée décrit en ce point un lacet et remonte en oblique vers le temple. Peu après le tournant se dresse à gauche le trésor des Athéniens. La plus grande partie des blocs de ce petit édifice d'ordre dorique étant conservée, les archéologues ont réussi à le reconstituer dans sa totalité, au prix de restitutions minimes; la restauration a été réalisée aux frais de la municipalité d'Athènes avant la dernière guerre. Les frontons et les métopes étaient tous décorés de reliefs assez bien conservés, qui permettent d'apprécier la plastique attique des dernières années de l'archaïsme (voir plus bas la description). La date exacte du trésor des Athéniens n'est pas assurée; certains archéologues pensent que le trésor fut construit après la bataille de Marathon, mais la plupart d'entre eux admettent qu'il s'agit là d'une offrande de la démocratie athénienne naissante (vers 505-500 av. J.-C.). Des inscriptions plus récentes recouvrent les murs de l'édifice (à partir du IIIe siècle av. J.-C.); il s'agit pour la plupart de décrets honorifiques pour des Athéniens. Parmi eux figurent cependant deux textes épigraphiques qui sont parmi les plus importants du monde antique: deux hymnes à Apollon avec leur annotation musicale.

Les vestiges de la construction oblongue archaïque en pôros conservée à côté du trésor des Athéniens, sont ceux du Bouleutérion de Delphes. Un peu plus haut, un énorme rocher semble s'être détaché des Phédriades à une époque très reculée, bien avant l'aménagement du sanctuaire. On l'appelait le « rocher de la Sibylle »: c'est là que la prophétesse légendaire, originaire d'Erythrées en Asie Mineure, se serait arrêtée et aurait prononcé ses oracles. Un autre rocher aplani, un peu plus haut, portait la colonne ionique sur laquelle reposait le fameux sphinx des Naxiens (voir plus bas). A proximité, se trouvait la source du sanctuaire de Gé; elle était gardée par Python, le terrible dragon qui fut tué par le jeune dieu. Un peu plus à l'Est, juste devant le mur de soutènement polygonal de la terrasse du temple, les Athéniens construisirent un élégant portique élégant à huit colonnes ioniques pour abriter les trophées pris aux Perses lors de leurs victoires navales (479 av. J.-C.).

A droite de la Voie sacrée, en face de la région où se dressaient les monuments que nous venons d'évoquer, s'étendait l'aire sacrée (*halôs*), petite place circulaire où, tous les huit ans, on célébrait lors de la fête des Septéria, le drame sacré « Septérion » qui représentait le meurtre du dragon par le dieu.

Des vestiges de nombreux autres trésors, conservés en divers points moins importants du sanctuaire, témoignent tous de la renommée mondiale du sanctuaire: toutes les cités grecques se faisaient un point d'honneur d'envoyer de riches offrandes à Delphes et d'y construire des édifices. Les archéologues ont localisé avec plus ou moins de certitude les trésors de Cnide, de Cyrène, de Potidée, d'Acanthos et de Corinthe; mais un grand nombre d'entre eux reste encore anonyme.

La place principale dans l'enclos sacré revient au temple d'Apollon. A mi-pente se dresse une vaste esplanade, soutenue au Sud par un beau mur polygonal destiné à soutenir le remblai à l'endroit où le temple devait s'élever (fig. 8). Au Nord se trouve l'*ischégaon*, mur de soutènement fait pour protéger le temple contre les éboulis de rochers. Le temple conservé est celui du IVe siècle av. J.-C. (fig. 7), le troisième en date, sans compter les trois temples légendaires, le premier de laurier, le second de plumes et de miel, le troisième d'airain. Le premier temple, qui remontait au VIIe siècle av. J.-C., ayant brûlé en 548 av. J.-C., une souscription internationale d'Hellènes et d'étrangers avait permis d'élever le second, le temple archaïque des Alcméonides, dont le fronton en marbre représentait l'« épiphanie » du dieu, quand il se révéla aux hommes, arrivant à Delphes sur un char, accompagné par sa mère, Léto, et sa sœur Artémis. Détruit en 373 av. J.-C., il fit place à un troisième temple, élevé entre 369-330 av. J.-C.

Les architectes du temple étaient Spintharos de Corinthe, Xénodoros et Agathon. Il était un peu plus grand que le temple des Alcméonides (60,32 × 23,82 m.), dorique périptère, avec six colonnes en façade et quinze sur les côtés. Le fronton était décoré de sculptures illustrant le même sujet que le temple précédent, tandis qu'au fronton Ouest figurait le coucher du soleil, Dionysos et les Thyiades. Toutes ces sculptures ont disparu, sauf peut-être la figure de Dionysos. Le dispositif intérieur du temple reste mystérieux sur beaucoup de points; sa destruction est si complète en certains endroits essentiels, qu'on a pensé qu'elle aurait été intentionnelle et due, soit aux derniers fidèles qui voulurent empêcher les Chrétiens de profaner le lieu qu'ils jugeaient le plus sacré, soit au fanatisme de ces derniers. C'est dans celui-ci que la Pythie dut rendre son dernier oracle à l'empereur Julien; on pouvait aussi y lire, gravées sur les murs du pronaos, les maximes célèbres: « rien de trop » et « connais-toi toi-même », ainsi que la mystérieuse lettre E dont le sens échappait aux Anciens aussi bien qu'à nous-mêmes. C'est enfin dans ce temple, comme dans les précédents, que se trouvait le siège de l'oracle, l'« adyton » contenant le trépied sacré à côté de l'« omphalos » que les Anciens considéraient comme la tombe de Python, et où coulait l'eau de la source Kassotis. Tout cela nous est rapporté par les auteurs anciens, et les fouilles ne nous ont rien appris de plus, la destruction qui a frappé les lieux ayant été totale: nous ne pouvons même plus reconstituer avec certitude l'adyton dans son emplacement et dans sa forme initiale.

Au-dessus du temple, se trouvent, à l'angle NO du sanctuaire, le théâtre (fig. 16), et à l'Est la fameuse Lesché des Cnidiens, décorée des fresques de Polygnote représentant le Sac de Troie et la Descente d'Ulysse aux Enfers. Hors du sanctuaire, enfin, sur les hauteurs, s'étend le stade de Delphes (fig. 10) où avaient lieu les Jeux Pythiques, immortalisés par les odes de Pindare qui chantait les exploits des vainqueurs, entre autres ceux d'Hiéron de Syracuse et d'Arcésilas de Cyrène.

Le visiteur désireux de jouir du site et de l'ambiance unique où baignent ces monuments, pourra découvrir aussi au gré d'une promenade recueillie et pieuse les socles d'ex-votos célèbres et lire leurs belles inscriptions:

« Les habitants de Chios (consacrèrent) cet autel à Apollon » cette inscription du Vᵉ s.av. J.-C. est gravée sur l'autel monumental qui précède le temple, c'est là qu'avait lieu le sacrifice des bêtes d'offrande avant la consultation (fig. 14, 7). Plus loin on découvre le socle fruste et dépourvu d'inscription du trépied d'or que les 31 villes grecques avaient consacré après la bataille de Platées (fig. 14). Un peu plus haut se dressaient encore quatre trépieds d'or, offerts en 479 av. J.-C. par les quatre fils de Deinomène, Gélon, Hiéron, Polyzalos et Thrasybule, après leur victoire sur les Carthaginois. Plus haut encore, le monument de Daochos, riche Thessalien qui offrit une statue d'Apollon, de ses ancêtres, de lui-même et de son fils; celle de son aïeul Agias est actuellement exposée au musée (fig. 48). Pour terminer cette énumération sommaire d'ex-votos célèbres, rappelons-en encore un, parmi les plus beaux et les plus importants au point de vue historique: le monument de Kratéros, le général d'Alexandre: dans un lieu aménagé en portique, à l'angle NO du temple, un groupe de statues de bronze exécuté par Lysippe et Léocharès, les sculpteurs les plus réputés de l'époque, représentait Alexandre et Kratéros chassant le lion (320 av. J.-C.).

Les fouilles

Les siècles qui suivirent la fin de l'oracle dépouillèrent le site des nombreuses œuvres d'art qui y restaient encore après tous les pillages de l'époque impériale. Peu à peu, les monuments tombés en ruine furent ensevelis sous un épais remblai d'où n'émergeaient par endroits que quelques marbres et quelques inscriptions. Plus tard un petit village, Kastri, s'établit sur le site de l'oracle. En 1892, lorsque l'École française commença les fouilles, le village fut exproprié par le gouvernement hellénique et déplacé à son endroit actuel. Les fouilles françaises ont déblayé le site entier et mis au jour les monuments les plus vénérés de la Grèce ancienne, qui font aujourd'hui notre joie. Les œuvres d'art échappées à la destruction, sans être nombreuses, raniment en nous le souvenir des dieux évanouis. Fondé en 1902, reconstruit en 1937-

Sphinx des Naxiens — Reconstitution.

1938 et réaménagé après la guerre, le musée constitue une sorte d'amphictyonie artistique qui rassemble des œuvres de toute époque venues de toutes les régions du monde grec.

LE MUSÉE: Kléobis et Biton

En entrant dans le Musée de Delphes, on est salué d'abord par l'offrande que la ville d'Argos consacra à l'oracle au début de l'époque archaïque. Ce sont les statues de Kléobis et de Biton, deux jeunes Argiens qui s'attelèrent au char de leur mère pour l'amener au sanctuaire d'Héra, distant de 45 stades (8 kilomètres) de la ville. Comme tout le monde félicitait la mère d'avoir de semblables enfants, fière de cet éloge, elle pria la déesse d'accorder à ses fils ce que l'homme peut obtenir de meilleur. Tous ensemble, ils firent un sacrifice et s'endormirent dans l'enceinte sacrée après le banquet. Kléobis et Biton ne devaient plus jamais se réveiller: la déesse avait ainsi exaucé la prière de leur mère. Les Argiens consacrèrent leurs statues à Delphes, comme nous le rapporte Hérodote. Nous voici devant ces deux couroi, taillés dans la pierre par le sculpteur Polymède. C'est par leur force physique qu'ils ont accédé à l'immortalité, aussi Polymède a-t-il donné à ces deux couroi une carrure athlétique: un corps robuste, à la poitrine large, à la taille mince, aux muscles puissants, une tête carrée aux traits accentués (fig. 18).

Quelques années plus tard (560 av. J.-C.) Naxos, île des Cyclades alors prospère, érige son ex-voto à Apollon: sur une colonne haute de 9,32 mètres se dresse un admirable Sphinx (fig. 24). L'ex-voto des Naxiens nous offre un des plus anciens spécimens de ce démon légendaire, dont les ressources plastiques ont exercé un grand attrait sur les artistes grecs, surtout à l'époque archaïque. Il leur a fallu parcourir un long chemin avant de pouvoir produire une œuvre semblable: l'emploi harmonieux de la courbe atteste une longue expérience et une sensibilité cultivée, tandis que les yeux immenses et les lèvres serrées confèrent au visage un charme étrange. L'aspect du Sphinx vu de côté indique assez les ressources et la hardiesse de l'artiste. Ce monument témoigne de la piété aussi bien que de l'opulence des Naxiens à l'époque archaïque.

Métopes du trésor des Sicyoniens

Nous avons déjà parlé d'autres villes qui, plus riches encore, ont consacré des « trésors », pour vénérer le dieu mais aussi pour faire valoir leur piété et leur puissance. Dans ces édifices, le décor sculpté égalait, parfois même surpassait en beauté, l'architecture. Sicyone, ville riche et puissante à l'époque archaïque, avait, vers 560 av. J.-C., érigé son trésor à l'entrée de la voie sacrée. Cet édifice, remplacé plus tard par un autre, semble avoir présenté de nombreuses singularités. Ses métopes, par exemple, n'avaient pas la forme carrée habituelle: mais elles étaient rectangulaires, comme le montrent celles qui sont conservées au musée. L'une représente les Dioscures, Castor et Pollux, et les fils d'Apharée, Idas et Lyncée, avançant fièrement l'un derrière l'autre; entre eux surgissent les têtes des bœufs qu'ils ont volés lors d'une razzia en Arcadie — celle, sans doute, qui aboutit au meurtre de Castor et des Apharides (fig. 19). L'artiste présente le mythe dans une disposition claire, ajoutant même les noms des personnages pour éviter tout malentendu. Une seconde métope, de conception et de dessin beaucoup plus hardis, représente l'*Argo* légendaire accostant aux rivages 'lointains de la Colchide. Ces deux métopes témoignent du souci de figurer un être immobile dans toute sa plénitude et sa clarté. Une troisième métope, celle qui montre Europe chevauchant le taureau-Zeus, et une quatrième, qui figure le sanglier de la chasse de Calydon, excellent en revanche dans l'expression des êtres en mouvement.

Le trésor des Siphniens

C'est auprès de l'édifice de Sicyone que les Siphniens consacrèrent, en 525 av. J.-C., leur trésor. Sur leur petite île des Cyclades, ces gens vivaient alors une période de bonheur et de prospérité, grâce à l'exploitation de leurs mines d'or et d'argent; Hérodote mentionne cette île parmi les plus opulentes. Ils voulurent donc offrir à Apollon un ex-voto d'une beauté et d'une splendeur sans égales. Leur trésor n'était pas grand, mais il était tout entier en marbre brillant de Paros — le premier monument tout de marbre en Grèce continentale. Ce n'est pas tant l'édifice lui-même qui attira l'admiration des Anciens et la nôtre, que son décor sculpté splendide et varié. C'est que la sculpture joue un rôle prépondérant au trésor des Siphniens et en vient même à supplanter des parties essentielles de l'architecture. Ainsi ce ne sont pas deux colonnes ioniques, comme il eût été normal, mais deux corés de marbre (fig. 23) qui supportent l'architrave entre les deux antes — formule qui trouvera plus tard son expression classique avec les fameuses « Caryatides » de l'Érechtheion. Richement parées de robes et de bijoux ioniens, les corés se tiennent sur des socles élevés. L'artiste a su préserver la valeur intrinsèque de ces figures secondaires sans pour autant trahir leur rôle essentiellement architectural. Mieux qu'aucun autre peut-être, ce monument nous permet d'apprécier les mérites des sculpteurs archaïques qui surent créer avec sûreté des formes plastiques obéissant tant aux exigences de l'art qu'à celles de la matière.

Les sculptures du fronton du trésor des Siphniens

Au-dessus de l'architrave, se déroule sur les quatre faces de l'édifice une frise splendide, la plus belle de l'archaïsme, aïeule lointaine de la frise classique du Parthénon. Le fronton arrière, à l'Est, a conservé ses sculptures, qui illustrent une légende charmante et typique du pays, légende populaire que les peintres de vases et les sculpteurs anciens aimaient représenter dans la dernière phase de l'archaïsme: Héraclès, devenu fou après le meurtre d'Iphitos, consulta l'oracle de Delphes pour savoir comment se purifier; la Pythie refusant de lui répondre parce qu'il était souillé du sang de son meurtre, le fils de Zeus s'empara du trépied sacré et voulut s'en aller, mais le maître des lieux, Apollon, également fils de Zeus, qui ne pouvait rester indifférent, s'interposa et tenta de lui reprendre le trépied. Au milieu du fronton, Athéna intervient au moment critique et empêche les adversaires de se battre: Héraclès porte encore le trépied sur l'épaule, tandis qu'Apollon tire sur l'un des trois pieds (fig. 25).

La frise du trésor des Siphniens

La grande merveille du trésor des Siphniens, c'est la frise. Sur la partie occidentale on voit le Jugement de Pâris, au Sud est figuré l'Enlèvement des filles de Leucippe par les Dioscures, à l'Est une Assemblée des dieux (fig. 26) assistant à une bataille de la guerre de Troie (fig. 27), et au Nord la scène la plus brillante et la mieux conservée, la Gigantomachie (fig. 28-30). Là, les dieux sont en train de livrer un rude combat pour soumettre les Géants, qui les attaquent du côté droit (par rapport au spectateur); pourvus de casques et de boucliers, quelques-uns de cuirasses et de cnémides, ils ont pour armes des lances, des épées et même des pierres. Les dieux se présentent de l'autre côté: Héphaistos, debout dans l'angle gauche, vêtu de sa tunique de forgeron, actionne ses soufflets en préparant des projectiles incandescents. Puis viennent deux déesses, Déméter et Coré, Dionysos portant la peau de panthère, Cybèle montée sur son char traîné par des lions (fig. 29) et les enfants bien-aimés de Léto, Apollon et Artémis, qui tirent à l'arc sur les adversaires; le Géant qui leur fait face, coiffé d'un casque orné d'un canthare, s'appelle Kantharos (fig. 30). A cet endroit, aujourd'hui mutilé, était figuré Zeus monté

Le trésor de Siphnos — Reconstitution, A. Tournaire. Façade principale.

sur son char. Suivent, bien conservés, Héra, Athéna, Arès portant casque et bouclier, Hermès au bonnet pointu des bergers d'Arcadie (fig. 28), et finalement ce qui subsiste de Poséidon et d'Amphitrite.

L'artiste qui a sculpté la Gigantomachie et le combat des Grecs et des Troyens était assurément l'un des grands créateurs de son temps, d'inspiration originale et hardie, pleinement conscient des problèmes complexes du basrelief et d'une maîtrise technique sans égale. Il suffit, pour s'en convaincre, de voir avec quelle perfection il a su figurer des formes superposées, qui souvent s'entremêlent, sans que le relief perde jamais rien de sa parfaite netteté. L'ardeur du combat et le désordre de la mêlée sont rendus avec intensité, sans brouiller les contours des formes plastiques ni l'aisance du rythme qui nous amène de gauche à droite, puis revient en arrière à la cadence soutenue d'une vague. Malgré sa vigueur, la frise a d'ailleurs gardé son caractère foncièrement décoratif, par l'élégance de la disposition et le

Le trésor de Siphnos — Reconstitution A. Tournaire.

parti qui est tiré de l'espace à couvrir, par son déploiement solennel et fas-
tueux, son exaltation conforme à l'ambiance sacrée de Delphes.

Le trésor des Athéniens

Un troisième trésor est assez bien conservé pour avoir pu être reconstitué
sur place, à l'aide de quelques pièces rajoutées: c'est le trésor des Athéniens,
consacré dans les dernières années du VIe siècle av. J.-C., aussitôt après
l'instauration de la démocratie à Athènes (508 av. J.-C.). Très peu de mor-
ceaux nous restent du fronton, mais les métopes, conservées en bon nombre,
nous permettent de deviner leur sujet (fig. 32-33). Sur les faces principales
— la façade et le côté Sud qui étaient le plus en vue — les Athéniens avaient

figuré les exploits de Thésée, le fondateur légendaire de la démocratie, tandis qu'à l'arrière et au côté Nord on reconnaissait les travaux d'Héraclès. Ces bas-reliefs illustrent l'art plastique athénien dans la dernière période de l'ère archaïque: l'élégance des personnages, les proportions gracieuses, les mouvements vivaces et sûrs, le rendu minutieux et appliqué des muscles et des plis, la sinuosité des contours — tout rappelle ici les premiers vases à figures rouges. On y entrevoit déjà les solutions de problèmes plastiques qui mènent à l'art de l'époque classique.

L'Aurige

Les fils de Deinomène, les prestigieux tyrans de Syracuse, étaient riches, ambitieux, et grands amis des arts. Après la bataille d'Himère (479 av. J.-C.), ils avaient consacré à Delphes leurs trépieds d'or, et envoyaient souvent leurs chars remporter les couronnes aux grands concours panhelléniques. Aussi payaient-ils les plus grands poètes, tels Pindare et Bacchylide, pour célébrer ces victoires. L'un d'eux, Polyzalos, « roi de Géla », remporta une victoire à la course de chars des Jeux Pythiques de 478 av. J.-C. Il érigea alors dans le sanctuaire d'Apollon Pythien un ex-voto splendide: un quadrige de bronze conduit par son aurige. Le séisme de 373 av. J.- C. fit crouler des rochers du haut de la montagne, ravageant le temple et une foule d'édifices et d'offrandes parmi lesquelles celle de Polyzalos. Le destin néanmoins se montra favorable: l'aurige resta pratiquement intact et les Delphiens l'enfouirent pieusement sous les décombres en remblayant le site afin d'y reconstruire le temple. C'est ainsi que nous est parvenu ce merveilleux Aurige qui fait la gloire du musée de Delphes (fig. 45-46).

Debout, les pieds nus rivés au plancher du char, le jeune homme (1,80 mètre) tient dans ses mains les rênes relâchées; la main gauche a disparu. Il porte la longue tunique de l'aurige, étroitement serrée sous les aisselles par l'*analabos* pour empêcher la tunique de claquer au vent au tourbillon de la course. La tête ceinte du bandeau de la victoire, l'aurige regarde droit devant lui de ses yeux lumineux, légèrement fatigués par l'ardeur de la course. Sa taille élancée, ses proportions heureuses, la disposition des plis de sa robe, l'aplomb solide de ses pieds nus, le geste sûr de sa main droite qui tient les rênes, les petits mouvements imperceptibles qui animent la frontalité austère de l'ensemble et expriment une vie intérieure intense, toute une foule de détails s'accordent pour donner à l'Aurige de Delphes le prestige monumental et le frémissement d'un être vivant. Cette présence se retrouve dans la tête, admirable par son modelé incisif de cristal, sa chevelure minutieusement ciselée, son regard éveillé, ses lèvres charnues et ses joues marquées qui épousent fermement le crâne. L'autorité et le charme magique qui émanent de toute grande œuvre d'art se mêlent dans ce chef-d'œuvre à une grâce innée et au rythme joyeusement austère qui nous fait revivre le moment de triomphe où l'aurige vainqueur reçoit, avec une fierté contenue, l'hommage délirant de la foule, aussi précieux qu'une autre couronne de victoire.

En ce temps-là, d'innombrables chefs-d'œuvre pareils à celui-ci peuplaient le sanctuaire de Delphes. Un peu plus tard, les Athéniens dédièrent avec la « dîme » du butin de la victoire de Marathon, un splendide ex-voto constitué par treize statues de bronze de Phidias. Les Argiens, puis les Lacédémoniens et les Arcadiens firent de semblables consécrations en sorte que le pèlerin qui s'engageait dans la voie sacrée se trouvait entouré d'une foule de statues de bronze: près d'une centaine de statues de dieux et de héros le saluaient et lui prouvaient que dans ce sanctuaire, amis et adversaires pouvaient co-exister sous la lumière d'Apollon qui éclairait et protégeait la Grèce entière.

L'ex-voto de Daochos

En ce temps-là, d'innombrables chefs-d'œuvre, pareils à celui-ci, peuplaient le sanctuaire de Delphes. Tout cela a disparu à jamais. Mais on retrouve encore au Musée ce qui a subsisté d'une autre offrande, consacrée dans les dernières années du IVe siècle av. J.-C. Sans pouvoir être comparé aux monuments des prestigieuses villes grecques, l'ex-voto du thessalien Daochos, représentant de sa patrie auprès de l'Amphictyonie delphique entre 338-334 av. J.-C., ne manquait cependant pas d'allure: Les statues de Daochos, de son fils et de ses ancêtres, représentants de cinq générations, se dressaient sur un long socle devant une statue d'Apollon. Un nombre assez important de ces statues est conservé et nous permet d'apprécier cet ensemble à sa juste valeur. Une des mieux préservées est celle d'Agias, bisaïeul de Daochos, athlète célèbre du milieu du Ve siècle av. J.-C., « olympionice » au pancrace, vainqueur cinq fois à Némée, trois fois aux Jeux Pythiques, cinq fois aux Jeux Isthmiques. C'est ce personnage fabuleux que représente le jeune athlète aujourd'hui exposé au musée de Delphes, avec son corps musclé, ses bras pliés aux coudes et sa tête alanguie (fig. 48). La structure de ce corps nu d'athlète dont la pondération expressive est faite de mouvements inverses, le modelé des masses et les proportions élégantes expriment les tendances artistiques des dernières années du IVe siècle av. J.-C. Il est certain qu'il s'agit là de l'œuvre d'un grand artiste. Or nous savons qu'une statue de bronze représentant ce même athlète était érigée à Pharsale, portant l'inscription: « Fait par Lysippe de Sicyone »; il est donc fort probable que la statue de marbre de Delphes soit une copie contemporaine de cette œuvre, exécutée avec l'assentiment du célèbre sculpteur et peut-être dans son atelier même.

Les « Danseuses »

Le donateur qui consacra à Delphes l'offrande originale et complexe appelée « La Colonne aux Danseuses » (fig. 47) demeure inconnu. Des feuilles d'acanthe encerclent à la base une longue et mince colonne haute de 11 mètres, et d'autres feuilles poussent par endroits au long de son fût. Au sommet, trois jeunes filles adossées contre la colonne dansent légèrement autour d'elle, pareilles à des fleurs issues du feuillage touffu de cette plante étrange. Quelles sont ces vierges exotiques à la courte tunique, à la haute coiffure? Nous l'ignorons. On a parlé des Grâces, songé aux Thyiades — des ménades qui dansent en l'honneur de Dionysos; on a voulu y voir aussi des Caryatides, c'est à dire des Lacédémoniennes dansantes. Quoi qu'il en soit, leur danse est une danse sacrée destinée à réjouir le dieu à qui ce monument fut consacré au sein du sanctuaire delphique.

Ex-voto hellénistiques et romains

Parmi les autres œuvres du musée, le visiteur remarquera une belle statue

Trésor des Athéniens — Reconstitution, A. Tournaire.

de philosophe (fig.,49), du début de l'époque hellénistique, et le portrait d'un homme à la barbe soigneusement traitée et aux traits épanouis — un étranger peut-être (fig. 50). Est-ce le portrait d'un prince de Macédoine, ou celui d'un Oriental hellénisé, ou bien celui du romain Flamininus, comme certains l'ont pensé? Cette œuvre nous montre en tout cas ce que l'art hellénistique pouvait produire à son apogée dans le domaine du portrait.

Trésor des Athéniens — Reconstitution, A. Tournaire. Façade principale.

La statue d'Antinoüs (fig. 51), consacrée au sanctuaire par le prêtre Aristotimos, a-t-elle paru provocante au dieu lumineux de Delphes ou bien la grande beauté de ce jeune homme l'a-t-elle réjoui? Le prêtre qui l'a dédiée n'a sûrement pas voulu offenser son dieu en lui offrant la statue de cet être exquis. Reste à savoir s'il a été convaincu par le décret d'Hadrien divinisant son favori à jamais perdu. Cet être sensible, qui semble rêver avec mélancolie à des gloires passées, vient terminer par une note de douceur la lignée des offrandes: toute étincelle de feu intérieur a désormais disparu, l'huile décline au creux de la lampe antique et c'est avec un triste regret que les hommes se souviennent des aspirations d'un temps révolu. L'Antinoüs est une œuvre noble mais décadente, qui montre ce qui reste de la beauté plastique, quand elle est privée de force intérieure et de cette inspiration virile qui animait les corps vibrants des jeunes athlètes de l'art grec.

Danseuses de la colonne aux acanthes — Reconstitution.

SANCTUAIRE D'APOLLON

1. Place dallée et portique devant l'entrée principale.
2. Taureau de Corcyre.
3. Offrande des Arcadiens: statues en bronze.
4. Base de la statue de Philopoimen.
5. Bases d'offrandes.
6. Ex-voto des Lacédémoniens: exèdre commémorant la victoire d'Aigos Potamos.
6A. 37 ou 38 statues en bronze: ex-voto des Lacédémoniens exèdre commémorant la victoire d'Aigos Potamos. (L'emplacement le plus vraisable.)
7. Le Cheval dourien: offrande des Argiens.
8. Offrande des Athéniens commémorant la bataille de Marathon.
9. Offrande des Argiens consacrée aux Sept Chefs de l'expédition contre Thèbes.
10. Offrande des Argiens: statues des Épigones.
11. Offrande des Argiens: hémicycle des rois d'Argos.
12. 13. 14. Niches d'ex-votos.
15. Ex-voto des Tarentins: statues en bronze de chevaux et de femmes captives.
16. Trésor de Sicyone.
17. Trésor de Siphnos.
18. Trésor de Mégare.
19. Trésor de Syracuse.
20. Trésor de Cnide.
21. Trésor éolique.
22. Offrande des Étoliens.
23. Trésor de Thèbes.
24. Trésor en pôros des Béotiens.
25. Trésor de Potidée.
26. Trésor des Athéniens.
27. Bouleutérion de Delphes.
28. Trésor archaïque sur les ruines de l'Asclépieion.
29. Rocher de la Sibylle.
30. Sphinx des Naxiens.
31. Rocher de Létô.
32. Base d'un ex-voto des Béotiens.
33. Portique des Athéniens.
34. Trésor de Corinthe.
35. Tresor de Cyrène.
36. Prytanée de Delphes (?).
37. Trésor d'Acanthos et de Brasidas.
38. Offrande des Rhodiens: Char du Soleil.
39. Trépied de Platées.
40. Grand autel d'Apollon: offrande de Chios.
41. Statue de Paul-Émile.
42. Statue d'Apollon Sitalcas.
43. Trépieds des Deinoménides.
44. Trésor archaïque.
45. Statue d'Attale Ier.
46. Statue d'Eumène II.
47. Portique d'Attale Ier.
48. La colonne des Danseuses.
49. Offrande de Daochos.
50. Lesché de Cnide.
51. Temple d'Apollon.
52. Deux trésors.
53. Théâtre.
54. Portique ouest hors du sanctuaire, ouvrant derrière l'opisthodome du grand temple.

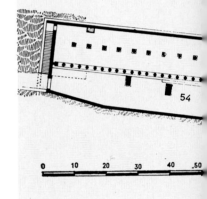

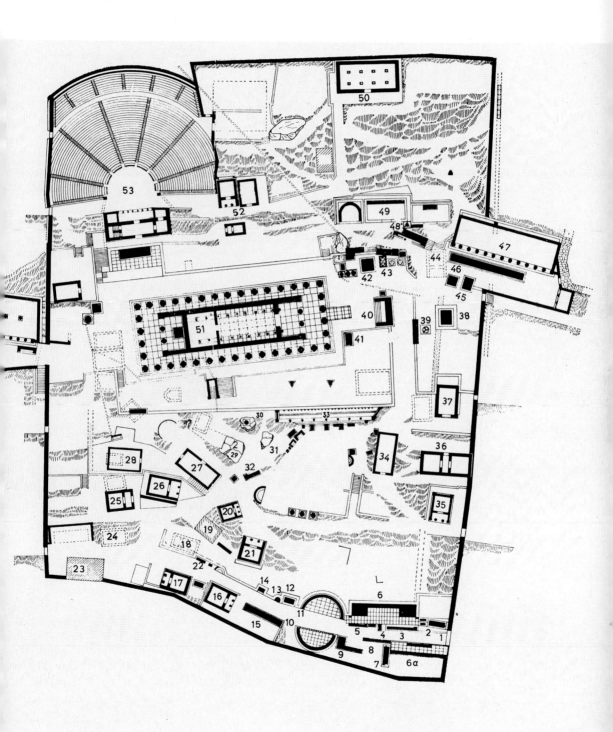

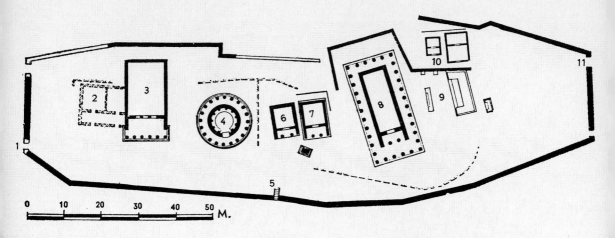

SANCTUAIRE D'ATHENA PRONAIA

1. Entrée Ouest du sanctuaire.
2. Edifice du Vᵉ siècle (logement des prêtres).
3. Nouveau temple d'Athéna Pronaia en calcaire.
4. Tholos.
5. Escalier conduisant au temple.
6. Trésor de Marseille (?).

7. Trésor dorique.
8. Temple archaïque d'Athéna Pronaia en pôros.
9. Terrasse des autels.
10. Edifices rectangulaires appartenant peut-être à l'Hérôon de Phylacos.
11. Entrée Est du sanctuaire.

*1. Le trésor des Athéniens, consacré aussitôt après l'instauration de la démocratie à Athènes (508 av. J.-C.)
Vu du NE en remontant la voie sacrée.*

2. *Vue générale du site de Delphes, considéré par les Anciens comme le centre de la terre. On aperçoit la gorge du Pleistos, la plaine boisée de Krissa et au fond le golfe d'Itéa. Au centre, la route moderne qui passe devant le musée; sur la pente de Rhodini, le sanctuaire d'Apollon, le théâtre et le stade.*

3. La Tholos, une des merveilles de l'architecture ancienne, se trouve dans le sanctuaire d'Athéna Pronaia (Marmaria). Cet édifice circulaire d'ordre dorique enchante le visiteur par ses proportions harmonieuses et l'exécution soignée du détail. L'édifice est très important, mais sa fonction reste incertaine. 380 av. J.-C. environ.

4. *Vue Est de la Tholos. Les trois colonnes doriques de la colonnade restituées. L'entablement avec triglyphes et métopes à reliefs (Amazonomachie).*

5. *Vue Est du sanctuaire d'Athéna Pronaia: la Tholos et vestiges des deux Trésors.*

5

6. Vue générale du sanctuaire delphique depuis les Phédriades. En remontant la voie sacrée (en bas à gauche) le visiteur passait devant les trésors et les ex-votos pour accéder au temple d'Apollon, siège de l'oracle. Les Jeux Pythiques, concours panhelléniques de musique et d'athlétisme, avaient lieu au stade (en haut à droite).

7. Le grand temple d'Apollon, l'édifice principal du sanctuare, était le centre du culte et le siège de l'oracle d'Apollon. Les vestiges actuels sont ceux du temple du IVᵉ s. av. J.-C. A droite, le pilier du monument de Prusias.

9

10

8. *Le grand mur polygonal, construit après l'incendie de 548 av. J.-C., soutenait l'esplanade où s'élevait le temple. Les colonnes sont celles du portique construit après 478 av. J.-C. par les Ahéniens pour abriter les trophées qu'ils dédièrent à Apollon après leurs victoires navales.*

9. *La voie sacrée devant le portique et le trésor des Athéniens.*

10. *Vue du stade de Delphes, aménagé au V° s. av. J.-C. Les gradins en pierre du Parnasse sont d'époque romaine.*

11. *Entre les Roches Phédriades jaillit Castalie, la source sacrée, intimement liée aux rites de la divination et au culte d'Apollon. L'aspect actuel de la fontaine remonte à l'époque hellénistique et romaine.*

12. *Aspect actuel de la fontaine sacrée Castalie qui remonte aux époques archaïque et classique.*

13. *Vue du portique septentrional de l'Agora romaine; au fond série de boutiques. L'Agora fut construite au IVᵉ siècle ap. J.-C.*

14

14. *L'aboutissement de la voie sacrée sur la terrasse du temple. A droite le grand autel de Chios du Ve s. av. J.-C. A gauche le socle de pierre circulaire qui portait le trépied de Platées, un des plus importants monuments de l'histoire hellénique.*

15. *Colonnes doriques en poros de la colonnade du temple d'Apollon.*

16. *Le théâtre de Delphes, construit en calcaire du Parnasse à l'angle NO du téménos, est fort bien conservé. Il offre une vue incomparable sur le grandiose paysage delphique.*

17. *Copie hellénistique ou romaine de l'«omphalos» archaïque; recouvert de l'« agrinon » (filet), il supportait jadis les deux aigles d'or qui, lâchés par Zeus, se rencontrèrent à Delphes.*

17

18. *Kléobis et Biton. Ces deux kouroi furent consacrés à Delphes par les Argiens au début du VIe s. av. J.-C. Cette œuvre du sculpteur argien Polymède est caractéristique des tendances de la plastique péloponnésienne. L' inscription gravée sur le socle rappelle leur exploit et indique le nom, aujourd'hui mutilé, du sculpteur. 590 av. J.-C. environ.*

19. *Une des métopes du trésor de Sicyone; d'après les noms peints en couleur, à peine visibles aujourd'hui, ces personnages sont Castor, Pollux et Idas (suivait Lynée sur la partie mutilée). Armés de lances, ils conduisent les bœufs volés au cours d' une razzia. 560 av. J.-C. environ.*

19

20. *Métope en poros du « monoptère » de Sicyone: le sanglier de Calydon.*

21. *Métope en poros du « monoptère » de Sicyone: épisode de l'expédition des Argonautes. Vers 560 av. J.-C.*

22. *Niké ailée; acrotère de la façade du temple archaïque d'Apollon 510 av. J.-C. environ.*

23. *Buste d'une des deux korai qui portaient l'architrave du trésor des Siphniens; ces statues de jeunes femmes remplaçant des colonnes furent nommées plus tard des Caryatides. 535 av. J.-C. environ.*

22

23

24. Le Sphinx des Naxiens. Au Sud du temple d'Apollon, près du rocher de la Sibylle, se dressait sur une haute colonne ionique le Sphinx démoniaque, offrande de l'opulente Naxos. Riche et puissante à l'époque archaïque, cette grande île des Cyclades nous a légué plusieurs œuvres importantes. 560 av. J.-C. environ.

25

26

25. *Le fronton Est du trésor des Siphniens illustre
le mythe de l'enlèvement
du trépied delphique par
Héraklès; Athéna, au
centre, intervient entre
Héraklès, à droite, et
Apollon, à gauche, qui
tirent sur le trépied chacun de leur côté. Arté-
mis, derrière Apollon,
retient son frère par les
bras. 525 av. J.-C.*

26. *Partie gauche de la
frise Est du trésor des
Siphniens. Une assem-
blée de dieux assiste à
une bataille de la Guerre
de Troie; sur cette pièce
sont figurés les dieux
soutenant la cause des
Troyens: Arès, Aphro-
dite, Artémis, Apollon et
Zeus, dont la tête man-
que. 525 av. J.-C.*

27. *Partie droite de la frise Est du trésor des Siphniens; combat de Grecs et de Troyens.*

28. *Partie droite de la frise Nord; de gauche à droite: un Géant, Arès, un Géant mort, deux Géants, Hermès, coiffé d' un bonnet pointu et deux autres Géants.*

29-30. *Partie gauche de la frise Nord du trésor des Siphniens; les dieux attaquent les Géants, représentés comme des hoplites. De gauche à droite: deux Géants, Dionysos, Cybèle sur son char traîné par les lions. Fig. 30: Apollon et Artémis, le Géant Kantharos, un Géant mort et trois autres Géants.*

28

30

31

32

31. *Métope de la face Sud du trésor des Athéniens. Combat de Thésée et d'Antiope, la reine des Amazones.*

32. *Métope de la face Nord du trésor des Athéniens, Héraklès dompte la biche de Cérynie. Toutes ces métopes sont de 500 av. J.-C. environ.*

33. *Quadrige de la frise Sud du trésor des Siphniens; cette frise, comme celle de l'Ouest, a sûrement été sculptée par un artiste ionien; elle est moins bien conservée que les autres; plusieurs chevaux y sont représentés, soit avec leurs cavaliers, soit attelés à des chars. Une comparaison entre cet artiste et celui qui sculpta les frises Est et Nord prouve la supériorité incomparable de ce dernier.*

33

34. Groupe d'ivoire en relief: départ de guerrier sur un char. Oeuvre ionienne du VIᵉ siècle av. J.-C.

35. Groupe d' ivoire avec scène mythologique. Figures féminines (Harpyies) et masculines (Boréades) en relief. Atelier corinthien. Vers 570 av. J. -C.

36. *Tête d'homme en ivoire (Apollon?) provenant d'une statue chryséléphantine trônante. Sur la tête feuille d'argent dorée; sur la poitrine deux boucles de cheveux dorées. Oeuvre ionienne du VIe siècle av. J.-C., offrande au sanctuaire d'Apollon.*

37. *Tête de femme en ivoire; elle représente probablement la déesse Artémis. Couronne en or sur la tête. Offrande ionienne du VIe siècle av. J.-C.*

37

38. *Lamelles d'or semi-circulaires fixées sur des plaques de bronze: représentation de la Gorgone. Vers 560 av. J.-C.*

39. *Lamelle d'or de forme carrée sur plaque de bronze; représentation de griffon. 560 av. J.-C.*

39

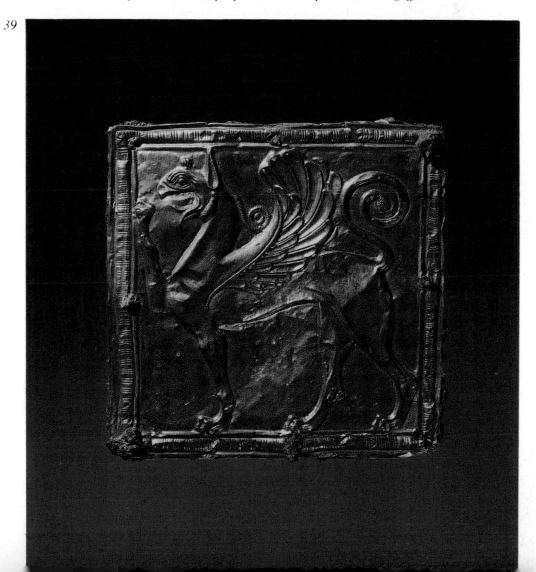

40-41. Lamelles d'or qui ornaient le vêtement de la statue chryséléphantine (fig. 36). Aux extrémités, en haut et en bas, frise de trois rosa-

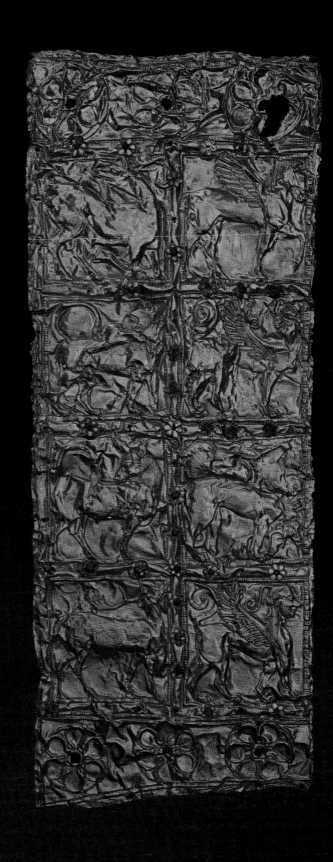

ces. Dans des cadres
carrés séparés par des
bandes, représentations
d'animaux en relief.
Atelier ionien, vers 560
av. J.-C.

42. *Couronnes en or.*

43. *Deux palmettes en or provenant du trône de la statue chryséléphantine assise.*

44. *Fleurs en or: quatre sépales et quatre étamines formés de trois parties distinctes.*

42

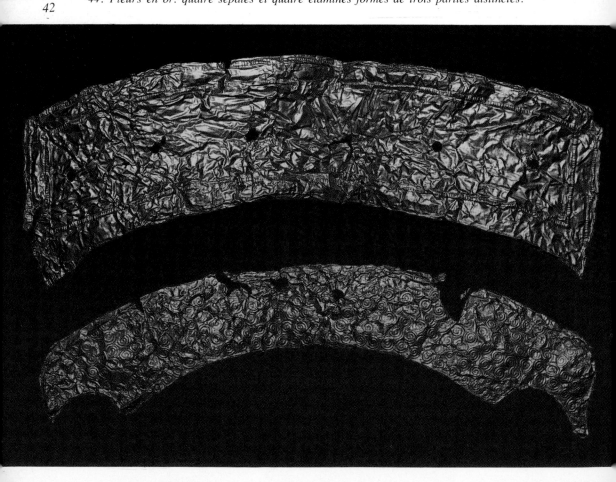

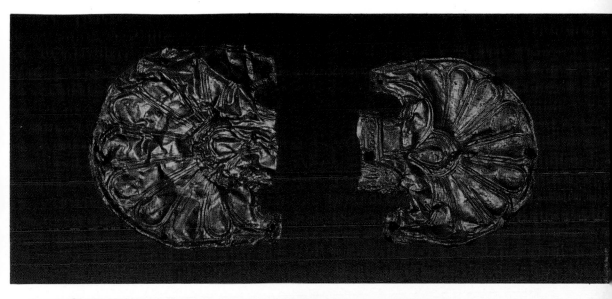

45-46. *L'Aurige est un chef-d'œuvre du style sévère. Retrouvé presque intact, il faisait partie d'un quadrige de bronze consacré par Polyzalos, le tyran de Géla, vers 475 av. J.-C., après sa victoire aux Jeux Pythiques.*

45

47

47. Parmi les offrandes retrouvées à Delphes, la Colonne des Danseuses est une des plus attrayantes et des plus énigmatiques. Très élancé, ce monument devait avoir 13 m de hauteur. Il était composé d'une colonne entourée de feuilles d'acanthe; au sommet, trois jeunes filles coiffées d'un polos hiératique exécutent une danse sacrée. Un trépied couronnait ce monument, dont on ignore le donateur. Mais il est évident qu'il s'agit d'une œuvre ionienne du début du IVᵉ s.av. J.-C.

48. La statue d'Agias; une des neuf statues composant l'offrande du Thessalien Daochos; elle provient de l'atelier de Lysippe, grand sculpteur sicyonien de la deuxième moitié du IVᵉ s. av. J.-C.

49. Statue d'un philosophe; œuvre importante et représentative des débuts de l'époque hellénistique, issue peut-être d'un atelier attique. 250 av. J.-C. environ.

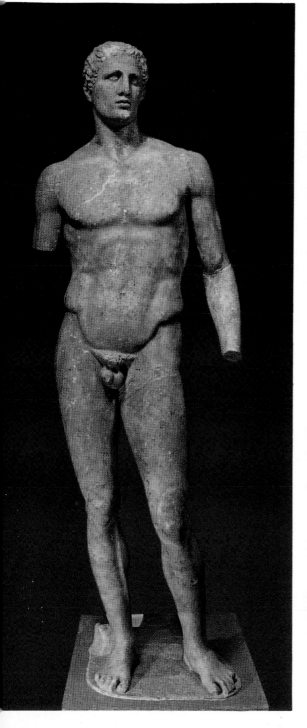

50. Ce portrait magistral est un des témoignages les plus remarquables de l'art hellénistique avancé (1ère moitié du IIᵉ s. av. J.-C.). Les plus belles qualités de l'art hellénistique, la vigueur du sens plastique et l'intensité de l'expression concourent à former un tout harmonieux. Certains archéologues pensent qu'il s'agit du portrait de Flamininus, général Romain qui vainquit Philippe V à Cynoscéphales en 197 av. J.-C.

51. L'Antinoüs de Delphes est un des meilleurs portraits de ce beau jeune homme. L'empereur Hadrien, l'ayant fait diviniser après sa mort, ordonna que sa statue soit érigée dans d'innombrables villes de l'empire romain. Ainsi retrouve-t-on aujourd'hui la beauté mélancolique de ce garçon, incarnation de l'esprit de l'époque impériale, qui cache la décadence essentielle du monde antique sous le narcissisme d'une force apparente, dans les régions les plus lointaines de la Méditerrannée, de l'Afrique jusqu'en Grèce, de la Syrie jusqu'en Europe Occidentale. 130-138 ap. J.-C.

51

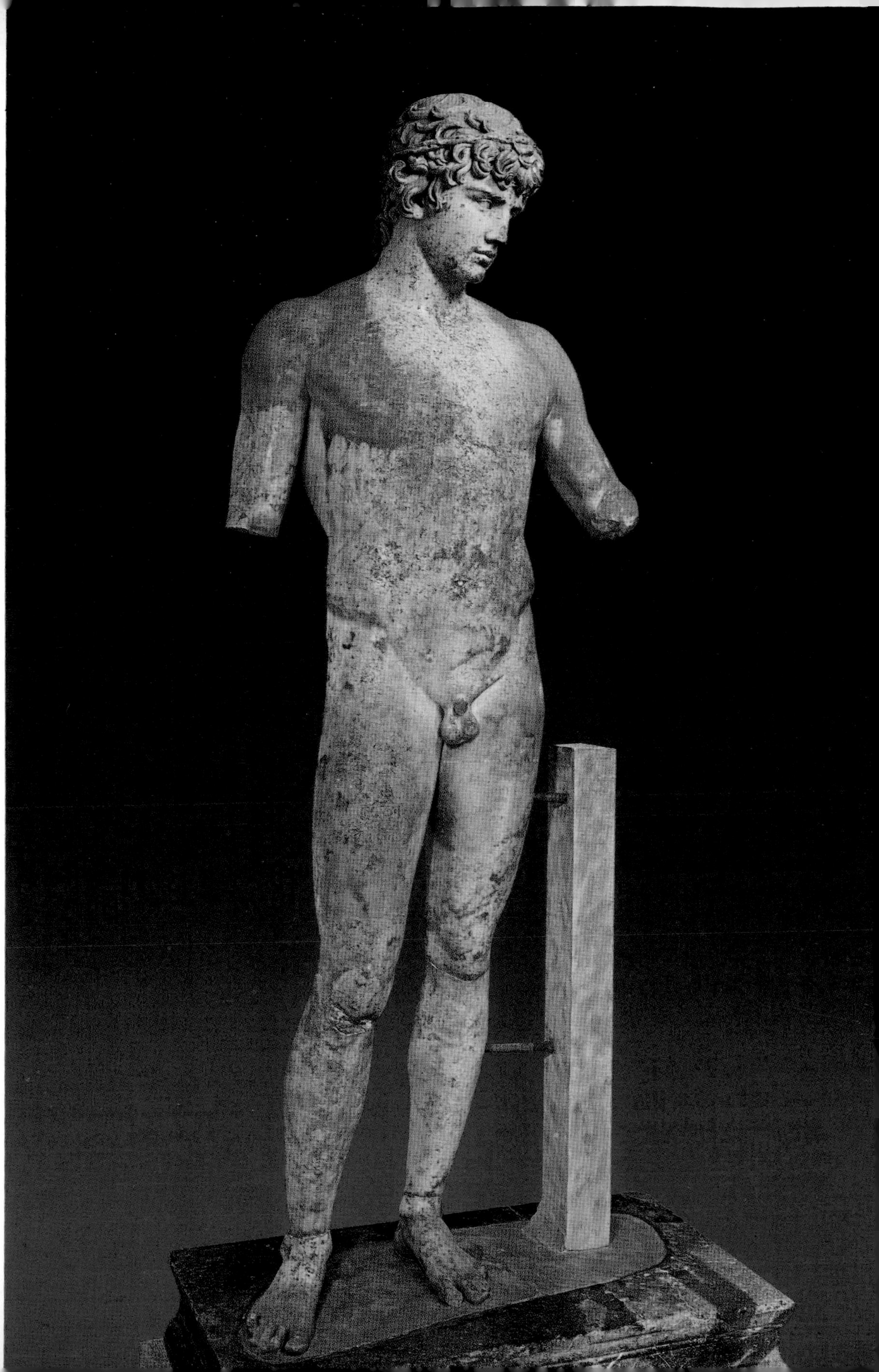

52

53

54

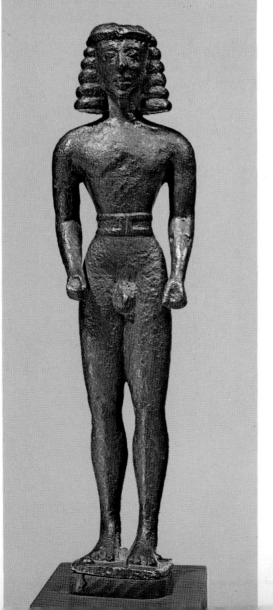

55

52. *Tête de griffon, ornement d'un trépied de bronze. VIIe s. av. J.-C.*

52. *Tête de griffon, ornement d'un trépied de bronze. VIIᵉ s. av. J.-C.*

53. *Ulysse ou un de ses compagnons, attaché sous un bélier pour échapper au Cyclope Polyphème. Ornement d'un trépied de bronze du début de l'archaïsme.*

54. *Le plus ancien kouros de bronze de Delphes; cette œuvre exemplaire de l'art «dédalique» est d'un esprit monumental malgré ses petites dimensions. Milieu du VIIᵉ s. av. J.-C.*

55. *Statuette de bronze représentant probablement Apollon. 525 av. J.-C.*

56. *Encensoir de bronze; vêtue du péplos, la femme relève ses bras pour servir de support à un récipient hémisphérique. 450 av. J.-C. environ.*

56

57. « *Apollon faisant une libation* » : *Scène peinte à l'intérieur d'une coupe blanche retrouvée à Delphes. Apollon est assis majestueusement sur un siège pliant; contrairement aux usages de la mode masculine, il porte un péplos et l'himation; il tient sa lyre de la main gauche, et verse le contenu de la phiale qu'il tient de la main droite; à gauche, un oiseau perché — peut-être un corbeau, oiseau sacré du dieu, ou bien — plus probablement — un pigeon, comme ceux qui nichaient dans son temple. La belle tête à la chevelure soignée, couronnée d'une branche de laurier, est d'une noblesse divine, empreinte d'une profonde spiritualité. La précision et l'aisance du dessin, le coloris harmonieux et le sens architectural de la composition prouvent que ce doit être l'œuvre d'un des plus grands artistes des premières années du style sévère. 470 av. J.-C. environ.*

57